新工科大数据专业群实践丛书

Java 开发实战

主　编　杨天明

武汉理工大学出版社
·武　汉·

内 容 简 介

本书主要内容包括搭建开发环境、Java 基本语法、类和对象、数组与字符串、异常处理、图形用户界面编程与事件处理、文件操作和网络编程。每章均包含相关案例，且这些案例能够覆盖该章核心知识点，使读者更容易上手。最后一章是实战项目，通过几个综合案例将 Java 知识点系统地串联起来。通过本书的学习，读者能够初步掌握应用所学知识点解决实际问题的能力。

本书适合作为本科和高职院校计算机相关专业的实验教学用书，也可作为 Java 语言初学者的参考用书。

图书在版编目（CIP）数据

Java 开发实战/杨天明主编. —武汉：武汉理工大学出版社，2021. 10
（新工科大数据专业群实践丛书）
ISBN 978-7-5629-6494-0

Ⅰ. ①J… Ⅱ. ①杨… Ⅲ. ①JAVA 语言-程序设计 Ⅳ. ①TP312

中国版本图书馆 CIP 数据核字（2021）第 205383 号

项目负责人：王兆国　　**责任编辑**：雷红娟
责 任 校 对：陈　平　　**排　　版**：芳华时代
出 版 发 行：武汉理工大学出版社
社　　址：武汉市洪山区珞狮路 122 号
邮　　编：430070
网　　址：http://www.wutp.com.cn
经　　销：各地新华书店
印　　刷：武汉市洪林印务有限公司
开　　本：787×1092　1/16
印　　张：4.75
字　　数：87.5 千字
版　　次：2021 年 10 月第 1 版
印　　次：2021 年 10 月第 1 次印刷
定　　价：36.00 元
凡购本书，如有缺页、倒页、脱页等印装质量问题，请向出版社发行部调换。
本社购书热线电话：027-87384729　87391631　87165708（传真）

前　言

Java是一门面向对象的编程语言，不仅吸收了C++语言的各种优点，还摒弃了C++语言中难以理解的多继承、指针等概念。Java语言作为静态面向对象编程语言的代表，极好地实现了面向对象理论，允许程序员以简单的思维方式进行复杂的编程。因此，国内很多计算机类的本科专业都把Java语言作为面向对象程序设计的入门语言。

《习近平新时代中国特色社会主义思想进课程教材指南》中指出，要依据学生不同年龄段认知发展规律和教育教学规律，贴近学生生活学习实际，注重讲道理与讲故事相结合，抽象概念与生动案例相结合，显性表述与隐性渗透相结合，确保进课程教材内容可认知、可理解，指导学生将思想认识转化为实际行动。本书每个案例都突出了Java语言的一个知识点，由浅入深、由分到总，最后一个章节通过实战项目把Java知识点进行系统的串联，使读者不仅能感受到学习Java语言的乐趣，而且还能够利用所学的知识去解决实际问题。

本书的出版，得到了武汉理工大学出版社的大力支持，在此表示衷心的感谢！

计算机技术发展很快，加之编者水平有限，所以本书难免存在不尽如人意的地方，希望广大读者能够对本书提出合理化建议和意见，以使本书更加完善。

编　者

2021年5月

目　　录

1 搭建开发环境

学习目标：
(1)掌握 Java 程序开发环境的搭建。
(2)掌握 Java 程序的编译和运行方法。
(3)掌握开发工具 Eclipse 的使用。

Java 程序开发最简单的方式就是安装 JDK 并设置系统变量，搭建开发环境。本章首先介绍 Java 开发环境的搭建，然后通过一个简单的实例来介绍 Java 应用程序。

1.1 初识 Java

1. 实验目的

(1)学习下载并安装 JDK。

(2)学习设置系统变量。

2. 实验步骤

(1)下载 JDK。首先需要下载 Java 开发工具包 JDK，下载地址为：http://www.oracle.com/technetwork/java/javase/downloads/index.html。在下载页面根据自己的系统选择对应的版本，本书以 Window64 位系统为例，选择的是 Java SE 8 版本，如图 1-1 所示。

单击“JDK Download”，跳出下载页面，选择 Window64 位 JDK 进行下载即可，如图 1-2 所示。

(2)安装 JDK。双击下载的 JDK 安装文件，将 JDK 安装路径设置为 C:\Program Files\Java ，则安装目录即 C:\Program Files\Java，如图 1-3 所示。

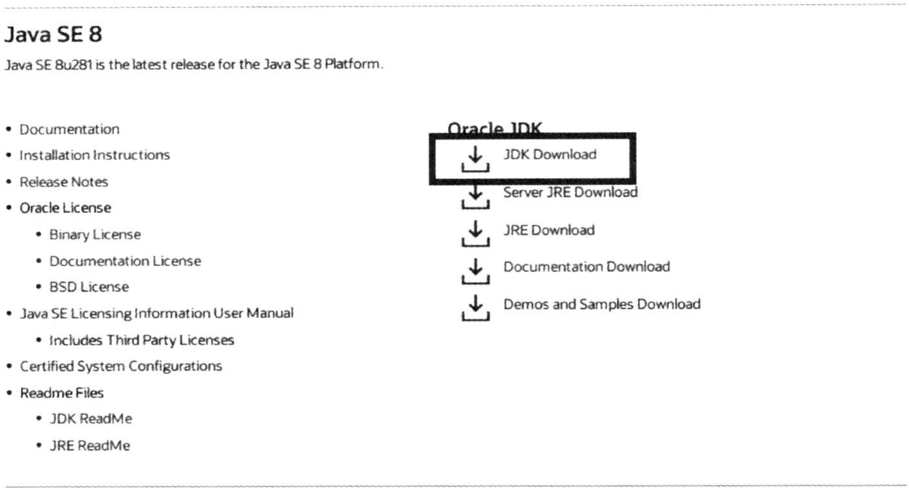

图 1-1 选择 JDK 版本

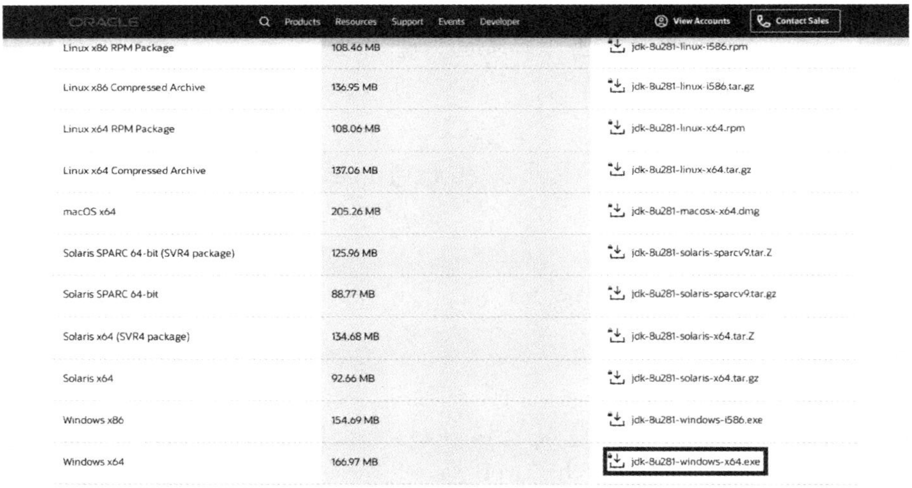

图 1-2 下载 JDK

安装 JDK 的过程也会同时安装 JRE，同样将 JRE 安装在目录 C:\Program Files\Java 下，如图 1-4 所示。

JDK 和 JRE 安装完成后的目录如图 1-5 所示。

(3)设置系统变量。右击“我的电脑”，再点击“属性”，选择“高级系统设置”，在“高级”选项卡下，点击“环境变量”，则会出现图 1-6 所示的页面。

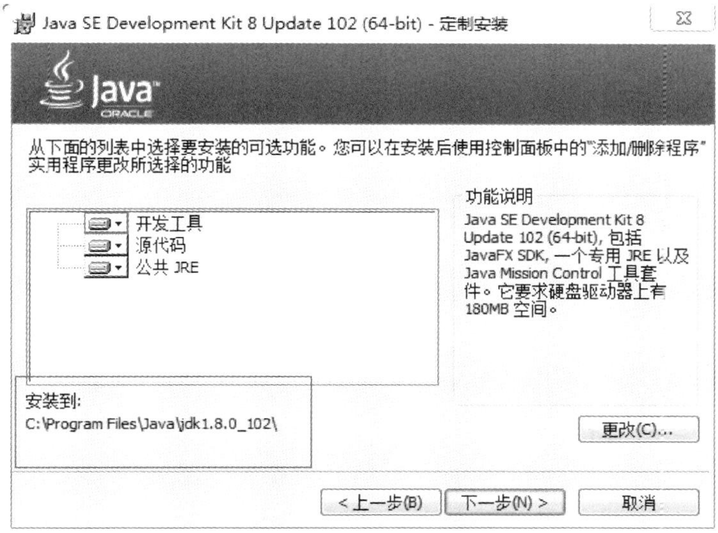

图 1-3 安装 JDK

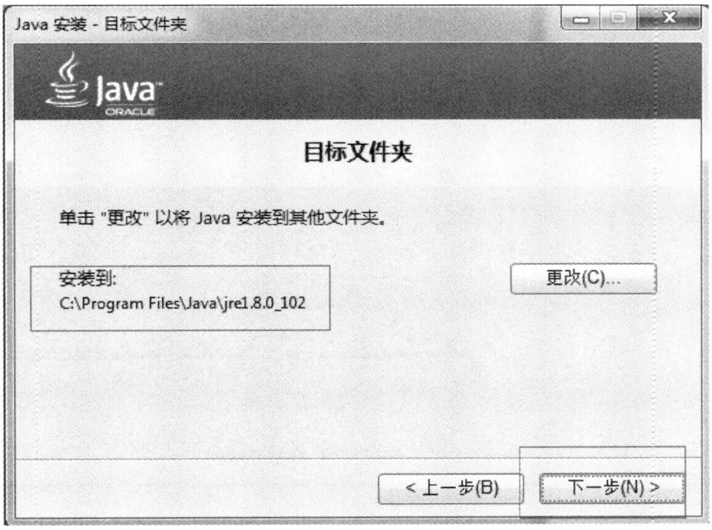

图 1-4 安装 JRE

在“系统变量”中设置 3 项属性：JAVA_HOME、Path、CLASSPATH。若已存在则点击“编辑”，若不存在则点击“新建”。

系统变量参数设置如表 1-1 所示。

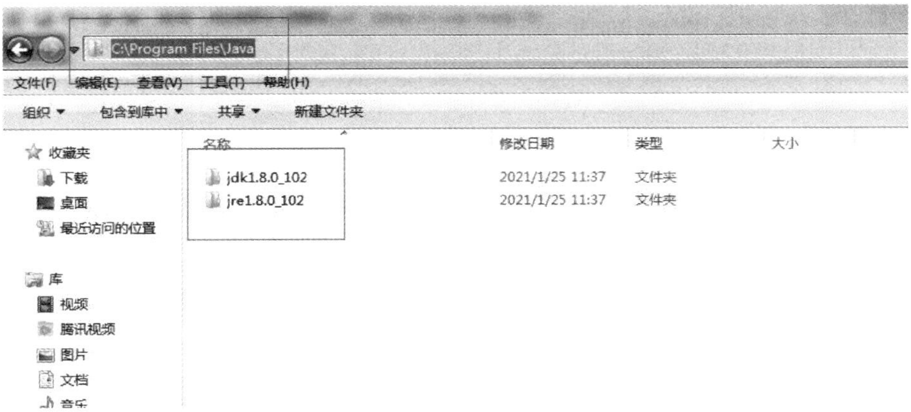

图 1-5 JDK 和 JRE 安装完成

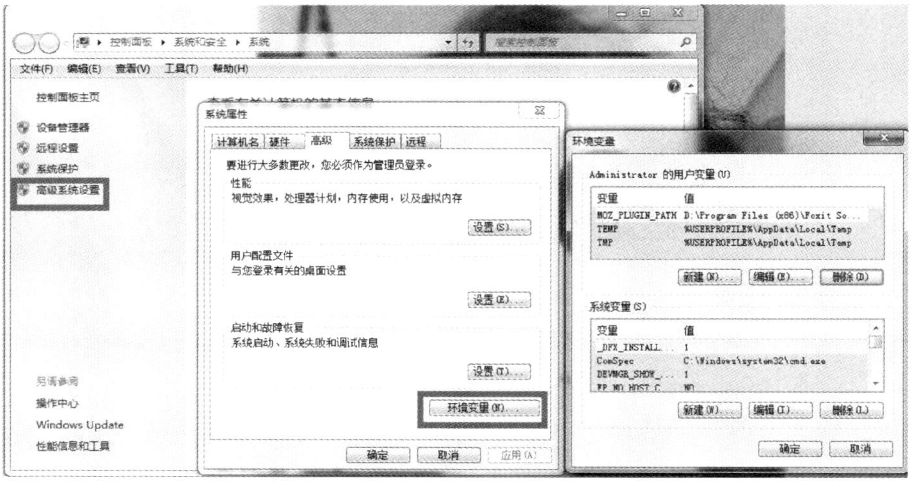

图 1-6 设置系统变量

表 1-1 系统变量参数设置

变量名	变量值	备注
JAVA_HOME	C:\Program Files\Java\jdk1.8.0_102	要根据实际路径配置
CLASSPATH	.;%JAVA_HOME%\lib\dt.jar;%JAVA_HOME%\lib\tools.jar	前面有个“.”
Path	%JAVA_HOME%\bin;%JAVA_HOME%\jre\bin	

JAVA _HOME 设置如图 1-7 所示。

图 1-7　JAVA _HOME 设置

CLASSPATH 设置如图 1-8 所示。

图 1-8　CLASSPATH 设置

Path 设置如图 1-9 所示。

图 1-9　Path 设置

点击“确定”后即可完成系统变量的设置。接下来可测试 JDK 是否安装成功：

点击“开始”→“运行”，键入“cmd”；键入 java-version 或者 java 或者 javac 命令，出现图 1-10 所示信息，说明 JDK 安装成功。

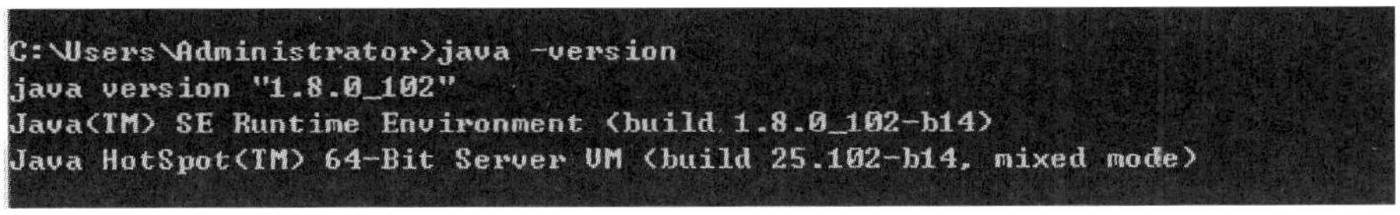

图 1-10　JDK 安装成功

1.2 认识第一个Java应用程序

1. 实验目的

(1)学习使用DOS命令编译和运行Java应用程序。

(2)学习使用开发工具Eclipse开发和运行Java应用程序。

(3)认识Java应用程序的结构。

2. 实验要求

编写一个Java应用程序，要求程序输出一句话“Hello World”，程序代码如下：

```
public class Hello {
  public static void main(String[] args) {
  System.out.println("Hello World");
  }
}
```

3. 实验步骤

(1)使用DOS命令编译和运行Java应用程序。

首先在D盘的根目录下新建一个文件夹Java，在Java文件夹下，新建一个文本文件，重命名为Hello.java，如图1-11所示。

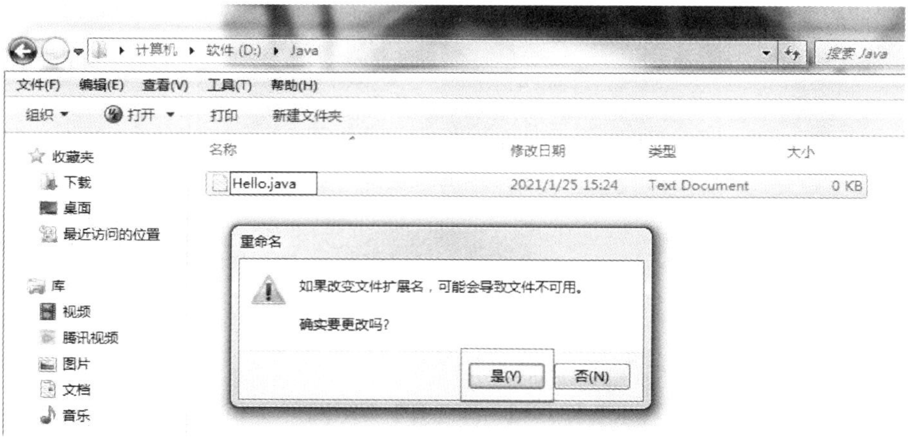

图1-11 新建文本文件

然后，以记事本的形式打开文件，写入代码并保存。单击桌面上的“开始”菜单，在其下面的“搜索程序和文件”文件框中，输入命令cmd后按Enter

键，则可打开命令提示符窗口。在命令提示符窗口下输入“D:”后按 Enter 键则切换到 D 盘下，接着输入“cd Java”后按 Enter 键则切换到“D: \Java”路径下，如图 1-12 所示。

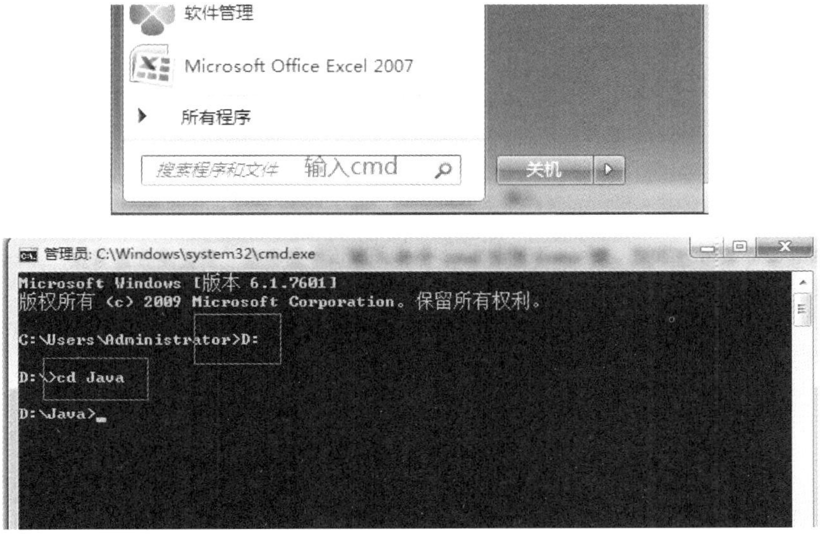

图 1-12　命令提示符

接着编译和运行程序，输入命令 javac Hello. java 后按 Enter 键，如果程序没有错误，则显示编译成功，如图 1-13 所示，同时在 Java 文件夹下生成一个 Hello. class 的字节码文件。

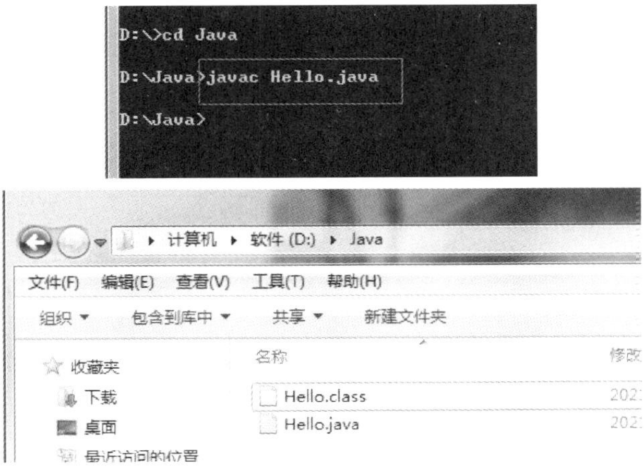

图 1-13　编译程序

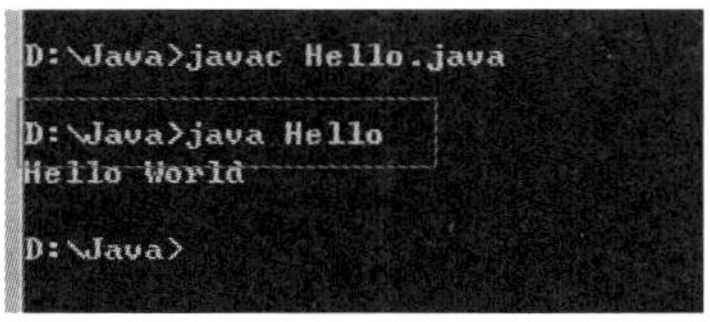

图 1-14　运行程序

继续输入命令 java Hello 后按 Enter 键，可以得到运行结果，显示语句“Hello World”，如图 1-14 所示。

(2)使用开发工具 Eclipse 开发和运行 Java 应用程序。

首先打开下载地址：http://www.eclipse.org/downloads/packages/，选择“Eclipse IDE for Java Developers”，下载后解压双击 eclipse.exe，选择合适的工作空间(workspace)便可打开 Eclipse，如图 1-15 所示。

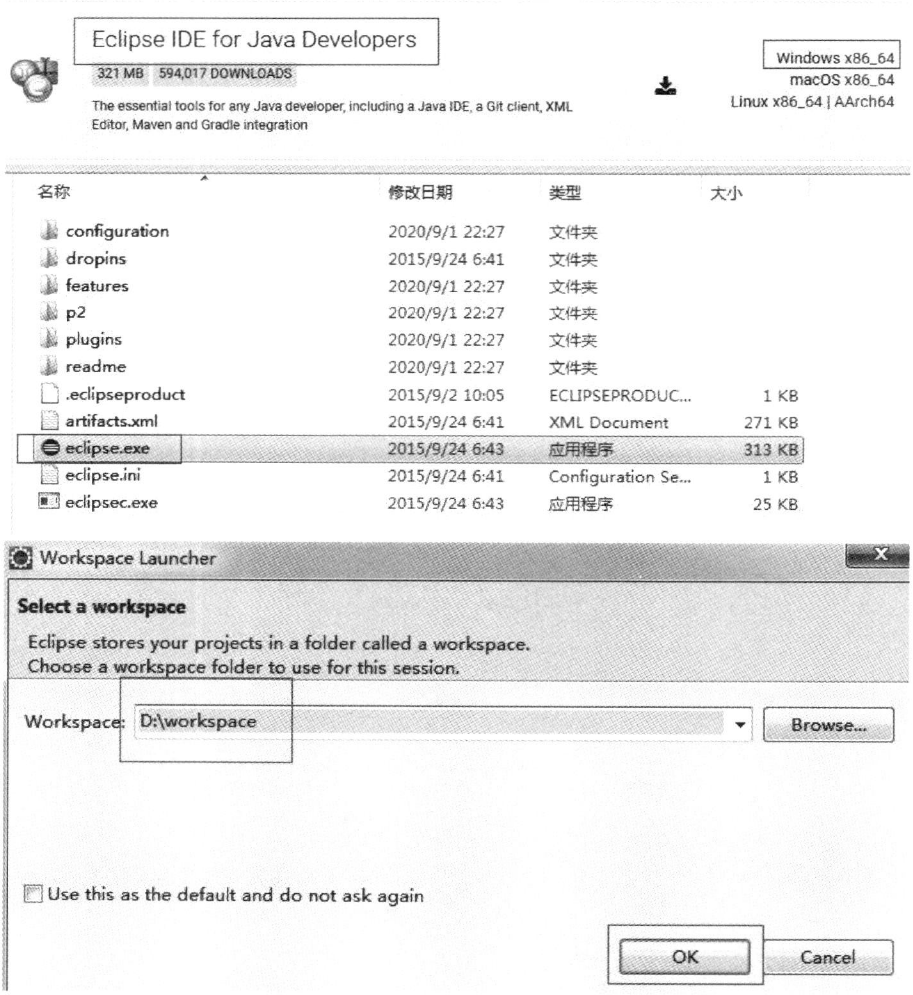

图 1-15　打开 Eclipse

打开 Eclipse 后，单击“File”→“New Project” →“Java Project”，输入 Project name，如图 1-16 所示。

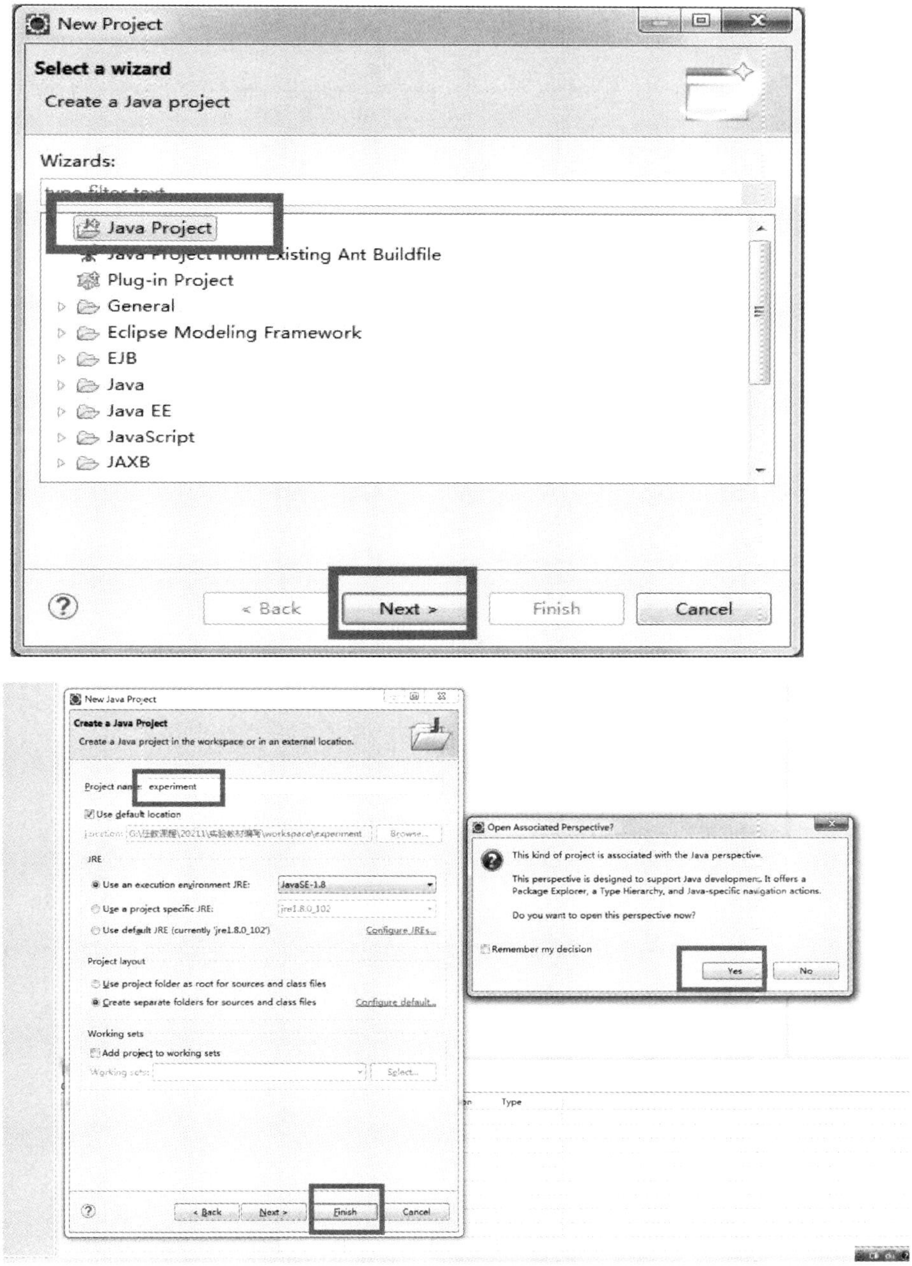

图 1-16　新建项目

在新建的 project 下，右键单击“src”→“New Java Package”，在新建的 package 下，右键单击“New Java Class”，则类名为 Hello.java 的 Java 应用程序已新建完成，且在工作空间下已有了此文件，如图 1-17 所示。

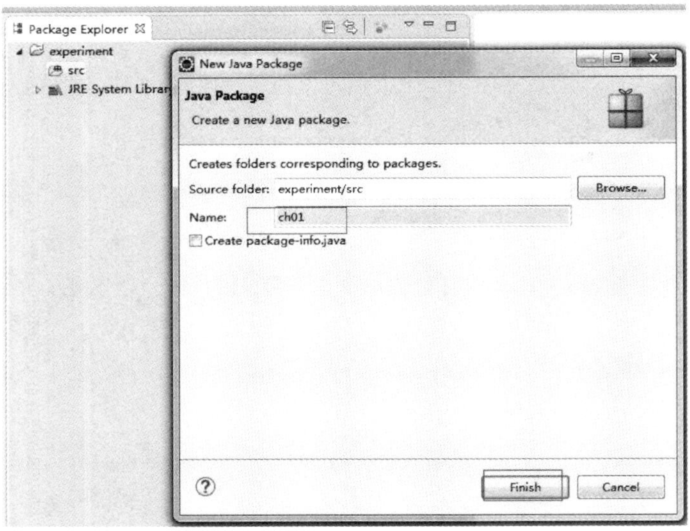

(a)

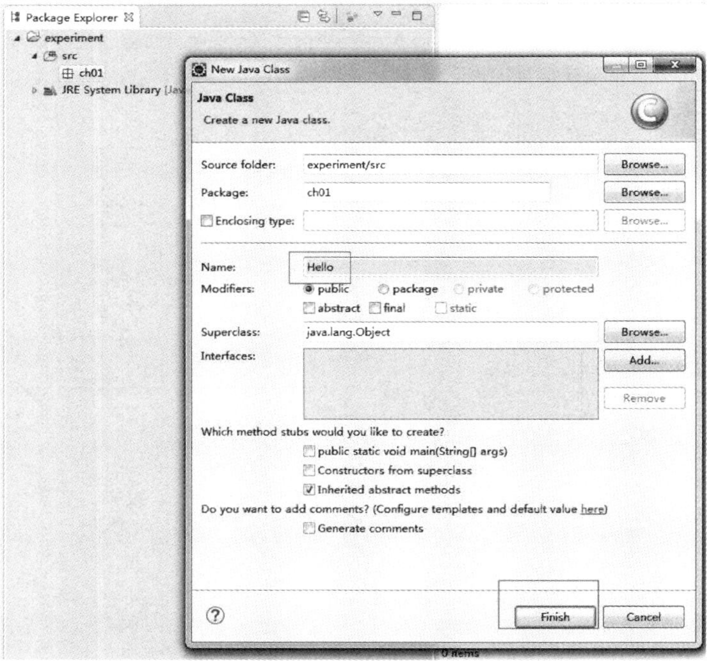

(b)

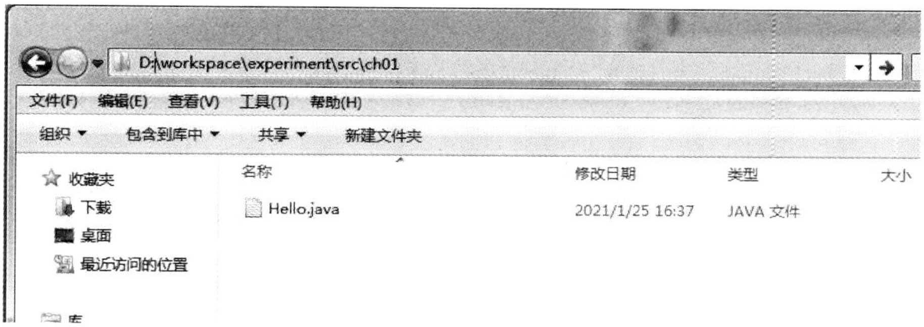

(c)

图 1-17　新建 JAVA 文件

在 Hello. java 中输入代码，单击“Run”即运行代码，结果如图 1-18 所示。

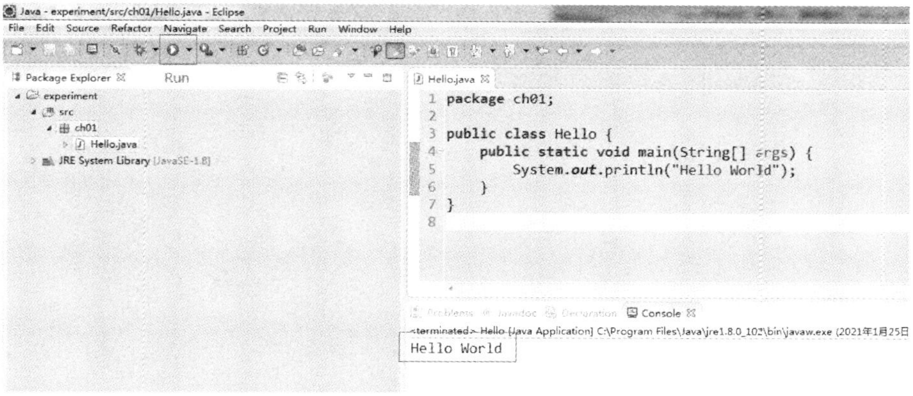

图 1-18　运行程序

(3)认识 Java 应用程序的结构。

Java 应用程序的结构如图 1-19 所示。

```
package ch01;  //包名

public class Hello {  //Hello是类名，要与文件名保持一致
    public static void main(String[] args) { //main函数是程序的入口
        System.out.println("Hello World");  //输出“Hello World”
    }
}
```

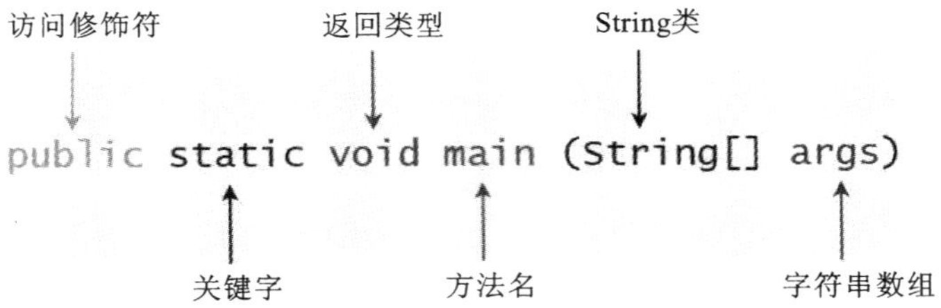

图 1-19　程序结构

2 Java 基本语法

学习目标：

(1)掌握 Java 标识符的命名规则。

(2)掌握 Java 的基本数据类型。

(3)掌握 Java 的流程控制语句。

程序设计语言中，标识符的命名和语句要遵循命名规则和语法规则，且在程序设计中，数据是程序的必要组成部分，也是程序处理的对象，而流程控制语句用来控制程序中语句的执行顺序，是程序中基础且关键的部分。

2.1 案 例 一

1. 实验要求

使用循环语句，输出金字塔，结果如图 2-1 所示。

```
      *
     ***
    *****
   *******
  *********
 ***********
*************
```

图 2-1 金字塔

2. 实验步骤

(1)打印出的金字塔有 n 行，每一行都会有空格，然后再打印出几个“*”，因此可以确认出程序的框架，如图 2-2 所示。

(2)分析每一行的空格数和 * 数：本例中 $n=7$，则第 1 行的空格为 6 个，

```
for(int i=1; i<=n; i++) {          //循环n次，打印n行
                                   //打印空格
                                   //打印*
    System.out.println();          //换行
}
```

图 2-2 程序框架

第 2 行为 5 个，第 3 行为 4 个……，每行依次递减，直至最后一行空格数为 0；而 * 数是第 1 行为 1 个，第 2 行为 3 个，第 3 行为 5 个……，每行依次递增 2，直至最后一行 * 数为 13 个。因此第 i 行的空格数为 $n-i$，* 数为 $2i-1$，如图 2-3 所示。

```
for(int i=1; i<=n; i++) {        //循环n次，打印n行
    for(int j=1; j<=n-i; j++) {
        System.out.print(" ");
    }                            //打印空格

    for(int k=1; k<=2*i-1; k++) {
        System.out.print("*");
    }                            //打印*

    System.out.println();        //换行
}
```

图 2-3 补充空格数和 * 数

(3)完整代码如图 2-4 所示。

```
import java.util.Scanner;

public class Pyramid {
    public static void main(String[] args) {
        Scanner sc = new Scanner(System.in);
        System.out.println("请输入金字塔的行数：");
        int n = sc.nextInt();
        for(int i=1; i<=n; i++) {        //循环n次，打印n行
            for(int j=1; j<=n-i; j++) {
                System.out.print(" ");
            }                            //打印空格

            for(int k=1; k<=2*i-1; k++) {
                System.out.print("*");
            }                            //打印*

            System.out.println();        //换行
        }
    }
}
```

图 2-4 金字塔完整代码

大家是否可打印出倒金字塔？

2.2　案　例　二

1. 实验要求

输入一个加减乘除算式，自动计算结果。结果如图 2-5 所示。

```
Problems  @ Javadoc  Declaration  Console
<terminated> Calculator [Java Application] C:\Program F
请输入第一个数：
9
请输入运算符(+ ,- ,* ,/)：
*
请输入第二个数：
3
结果是：27.0
```

图 2-5　测试数据

2. 实验步骤

(1)输入算式：算式是由“一个数＋运算符＋另一个数”组成，其中运算符只能是“加减乘除”，如图 2-6 所示。

```java
Scanner sc = new Scanner(System.in);
System.out.println("请输入第一个数：");
double a = sc.nextDouble();

System.out.println("请输入运算符(+ ,- ,* ,/)：");
String oper = sc.next();

System.out.println("请输入第二个数：");
double b = sc.nextDouble();
```

图 2-6　实验步骤代码 1

(2)计算结果：根据输入的不同的运算符，程序计算出不同的结果，可以使用 switch 语句，如图 2-7 所示。

(3)完整代码如图 2-8 所示。

```
double result = 0;
switch(oper) {
    case "+":
        result = a+b;
        break;
    case "-":
        result = a-b;
        break;
    case "*":
        result = a*b;
        break;
    case "/":
        result = a/b;
        break;
    default:
        System.out.println("输入的运算符有误，请重新输入！");
```

图 2-7 实验步骤代码 2

```
import java.util.Scanner;

public class Calculator {
    public static void main(String[] args) {
        Scanner sc = new Scanner(System.in);
        System.out.println("请输入第一个数：");
        double a = sc.nextDouble();

        System.out.println("请输入运算符(+ ,- ,* ,/)：");
        String oper = sc.next();

        System.out.println("请输入第二个数：");
        double b = sc.nextDouble();

        double result = 0;
        switch(oper) {
            case "+":
                result = a+b;
                break;
            case "-":
                result = a-b;
                break;
            case "*":
                result = a*b;
                break;
            case "/":
                result = a/b;
                break;
            default:
                System.out.println("输入的运算符有误，请重新输入！");
        }
        System.out.println("结果是：" + result);
    }
}
```

图 2-8 案例完整代码

3 类和对象

学习目标：

(1)掌握定义和使用类、对象。

(2)掌握 Java 的继承机制。

(3)掌握 Java 的接口。

对于面向对象的编程，应从分类的角度去考虑问题，在 Java 语言的世界中，万物皆对象。

3.1 案 例 一

1.实验要求

利用类和对象中的基础知识、继承等内容，实现“小明上课玩手机，杨老师没收手机”。运行结果如图 3-1 所示。

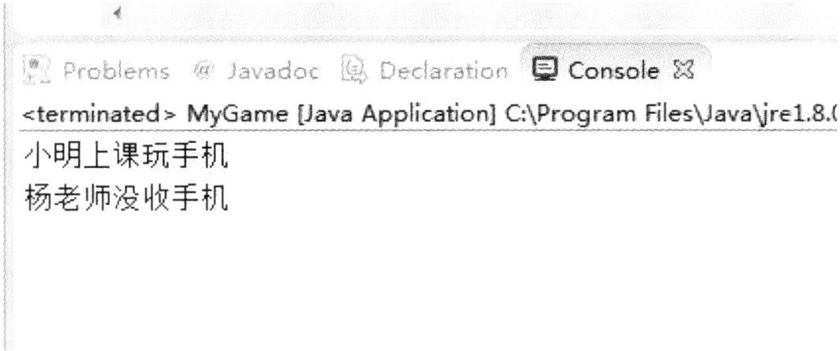

图 3-1 运行结果

2.实验步骤

(1)定义一个事件类 CustEvent，有属性 eventName，有方法 toString()(表明这是什么事件)。如图 3-2 所示。

```java
class CustEvent {
    private String eventName;
    public CustEvent(String eventName) {
        this.eventName = eventName;
    }
    public String toString() {
        return this.eventName;
    }
}
```

图 3-2 实验步骤代码 1

(2)定义一个抽象类 Person,有属性 name,有抽象方法 make(CustEvent ce)(代表做了什么事情)。如图 3-3 所示。

```java
abstract class Person {
    public String name;
    public Person(String name) {
        this.name = name;
    }
    public abstract void make(CustEvent ce);
}
```

图 3-3 实验步骤代码 2

(3)分别定义学生类 Student 和老师类 Teacher,且都继承 Person 类,同时重写 Person 类的抽象方法 make(CustEvent ce)。如图 3-4 所示。

```java
class Student extends Person {
    public Student(String name){
        super(name);
    }
    public void make(CustEvent ce) {
        System.out.println(this.name + ce);
    }
}

class Teacher extends Person {
    public Teacher(String name){
        super(name);
    }
    public void make(CustEvent ce) {
        System.out.println(this.name + ce);
    }
}
```

图 3-4 实验步骤代码 3

(4)定义主类 MyGame,主类中分别创建 Student 类和 Teacher 类的对象,并调用 make()方法实现要求。如图 3-5 所示。

```
public class MyGame {
    public static void main(String[] args) {
        Person student = new Student("小明");
        Person teacher = new Teacher("杨老师");
        student.make(new CustEvent("上课玩手机"));
        teacher.make(new CustEvent("没收手机"));
    }
}
```

图 3-5 实验步骤代码 4

3.2 案 例 二

1. 实验要求

定义圆柱体类 Cylinder,要求:

(1)定义私有成员变量,包括半径 radius 和高 height;

(2)定义一个公共的空的构造方法和一个能够初始化所有成员变量的构造方法;

(3)定义所有成员变量的 setter 和 getter 方法,setter 方法要对形参进行验证,如半径和高都大于 0;

(4)定义计算底面积的方法 getArea(),计算体积的方法 getVolume(),展示信息的方法 showDetails(),即输出该圆柱体的半径和高。

测试一要求如下:利用空的构造方法创建一个新的圆柱体对象 cylin1,利用 setter 方法设置半径和高分别为 2.5 和 3.0;调用 showDetails()方法输出该圆柱体的半径和高。

测试二要求如下:利用有参构造方法创建一个半径和高分别为 5.0 和 6.6 的圆柱体对象 cylin2,利用 setHeight()方法修改圆柱体的高;调用 getArea()和 getVolume()方法得到圆柱体的底面积和体积。结果如图 3-6 所示。

2. 实验步骤

(1)定义一个 Cylinder 类,定义成员变量、构造方法和 setter、getter 方法,如图 3-7 所示。

(2)定义计算表面积、计算体积和展示信息的方法,如图 3-8 所示。

```
Problems  @ Javadoc  Declaration  Console
<terminated> TestCylinder [Java Application] C:\Program Files\Java\jre1.8.0_1
----------测试一---------
圆柱体的半径是：2.5,高是：3.0
----------测试二---------
-8.0输入不正确
圆柱体的底面积是：78.5
圆柱体的体积是：628.0
圆柱体的半径是：5.0,高是：8.0
```

图 3-6　实验结果

```java
class Cylinder {
    //定义成员变量
    private double radius;
    private double height;
    final double PI = 3.14;
    //定义构造方法
    public Cylinder() {}
    public Cylinder(double radius, double height){
        this.radius = radius;
        this.height = height;
    }
    //定义setter和getter方法
    public double getRadius() {
        return radius;
    }
    public void setRadius(double radius) {
        if(radius > 0) { //判断radius的合法性
            this.radius = radius;
        }
        else {
            System.out.println( radius + "输入不正确");
        }
    }
    public double getHeight() {
        return height;
    }
    public void setHeight(double height) {
        if(height > 0) {  //判断height的合法性
            this.height = height;
        }
        else {
            System.out.println(height + "输入不正确");
        }
    }
```

图 3-7　实验步骤代码 1

(3)定义 TestCylinder 类,完成测试要求,如图 3-9 所示。

```
    }
    //定义计算表面积方法
    public double getArea() {
        return PI*radius*radius;
    }
    //定义计算体积方法
    public double getVolume() {
        return getArea()*height;
    }
    //展示信息方法
    public void showDetails() {
        System.out.println("圆柱体的半径是：" + radius +",高是：" + height);
    }
```

图 3-8 实验步骤代码 2

```
public class TestCylinder {
    public static void main(String[] args) {
        System.out.println("----------测试一----------");
        Cylinder cylin1 = new Cylinder();
        cylin1.setRadius(2.5);
        cylin1.setHeight(3);
        cylin1.showDetails();
        System.out.println("----------测试二----------");
        Cylinder cylin2 = new Cylinder(5,6.6);
        cylin2.setHeight(-8);    //不能完成修改
        cylin2.setHeight(8);
        System.out.println("圆柱体的底面积是：" + cylin2.getArea());
        System.out.println("圆柱体的体积是：" + cylin2.getVolume());
        cylin2.showDetails();
    }
}
```

图 3-9 实验步骤代码 3

4　数组与字符串

学习目标：

(1)掌握 Java 数组的创建与使用。

(2)掌握 Java 字符串类及常用方法。

数组是用来存储一组数据类型相同的有序数据的集合，在程序设计中，数组是经常使用的数据结构。字符串也是编程中经常使用的数据结构，从某种程度上说，有些类似于字符数组。

4.1　案　例　一

1. 实验要求

完成经典算法之冒泡排序，需要排序的数则由键盘输入。测试如图 4-1 所示。

图 4-1　测试数据

2. 实验步骤

(1)首先确定数组的长度及数组中的元素,Scanner 由键盘输入,如图 4-2 所示。

```
Scanner sc = new Scanner(System.in);
System.out.println("请输入数组长度: ");
int n = sc.nextInt();
int[] arr = new int[n];
System.out.println("请输入数组元素: ");
for(int i=0; i<n; i++) {
    int a = sc.nextInt();
    arr[i] = a;
}
```

图 4-2 实验步骤代码 1

(2)冒泡排序:依次比较相邻的两个数,将小数放在前面,大数放在后面。在第一轮:首先比较第 1 个数和第 2 个数,将小数放在前面,大数放在后面。然后比较第 2 个数和第 3 个数,将小数放在前面,大数放在后面,如此继续,直至比较最后两个数,将小数放在前面,大数放在后面。重复第一轮步骤,直至全部排序完成。

n 个数字要完成排序,总共要进行 $n-1$ 轮排序,每 i 轮的排序次数为 $n-i$ 次,所以可以用双重循环语句,外层循环控制排序轮数,内层循环控制每一轮的排序次数,如图 4-3 所示。

```
for(int i=0; i<arr.length-1; i++){  //外层循环控制排序轮数
    for(int j=0; j<arr.length-1-i; j++) {  //内层循环控制每一轮排序多少次
        if(arr[j]>arr[j+1]){   //交换两个数
            int temp = arr[j];
            arr[j] = arr[j+1];
            arr[j+1] = temp;
        }
    }
}
```

图 4-3 实验步骤代码 2

注意:i、j 是从 0 开始的。

完整代码如图 4-4 所示。

```
import java.util.Scanner;

public class BubbleSort{
    public static void main(String[] args) {
        Scanner sc = new Scanner(System.in);
        System.out.println("请输入数组长度：");
        int n = sc.nextInt();
        int[] arr = new int[n];
        System.out.println("请输入数组元素：");
        for(int i=0; i<n; i++) {
            int a = sc.nextInt();
            arr[i] = a;
        }

        System.out.println("排序前的数组为：");
        for(int num:arr) {
            System.out.print(num + " ");
        }

        for(int i=0; i<arr.length-1; i++){  //外层循环控制排序轮数
            for(int j=0; j<arr.length-1-i; j++) {  //内层循环控制每一轮排序多少次
                if(arr[j]>arr[j+1]){   //交换两个数
                    int temp = arr[j];
                    arr[j] = arr[j+1];
                    arr[j+1] = temp;
                }
            }
        }
        System.out.println();
        System.out.println("排序后的数组为：");
        for(int num:arr) {
            System.out.print(num + " ");
        }
    }
}
```

图 4-4 完整代码

4.2 案 例 二

1. 实验要求

随机生成 20 个 0～9 的整型数存入 ArrayList 中，统计并输出每个整型数出现的次数，结果如图 4-5 所示。

2. 实验步骤

(1)生成 20 个 0～9 的整型数并存入 ArrayList 中，Math. random()会自动生成一个 0.0～1.0 的双精度随机数，因此 Math. random() * 10 会生成一个 0～9 的双精度随机数，如图 4-6 所示。

```
Problems  @ Javadoc  Declaration  Console
<terminated> TestArrayList [Java Application] C:\Program Files\Java\jre
2,0,7,6,8,3,5,9,0,3,1,5,4,9,0,5,8,1,5,6,
2出现了1次
0出现了3次
7出现了1次
6出现了2次
8出现了2次
3出现了2次
5出现了4次
9出现了2次
1出现了2次
4出现了1次
```

图 4-5 测试数据

```
List list = new ArrayList<Integer>();
   for (int i = 0; i<20; i++) {
       list.add((int) (Math.random() * 10)); //随机生成20个0-9的整型数
   }
```

图 4-6 实验步骤代码 1

(2)统计每个元素出现的次数:循环遍历数组。当出现相同元素时,次数要增加 1,同时在集合中删除此元素,且下标减 1,如图 4-7 所示。

```
for (int i=0; i<list.size(); i++) {
    count = 1;
    for (int j=i + 1; j<list.size(); j++) {
        if (list.get(i).equals(list.get(j))) {
            count++;                      // 次数+1
            list.remove(j);
            j--;       // 因为remove()后，长度改变了，对应的下标也不再是原来的下标
        }
    }
    System.out.println(list.get(i) + "出现了" + count + "次");
}
```

图 4-7 实验步骤代码 2

完整代码如图 4-8 所示。

```
import java.util.ArrayList;
import java.util.List;

public class TestArrayList {
    public static void main(String[] args) {
        List list = new ArrayList<Integer>();
        for (int i = 0; i<20; i++) {
            list.add((int) (Math.random() * 10)); //随机生成20个0-9的整型数
        }
        for (int i=0; i<list.size(); i++) {
            System.out.print(list.get(i) + ",");
        }                                      //展示20个随机数
        System.out.println();
        int count = 1;                     // 默认出现的次数为1
        for (int i=0; i<list.size(); i++) {
            count = 1;
            for (int j=i + 1; j<list.size(); j++) {
                if (list.get(i).equals(list.get(j))) {
                    count++;                    // 次数+1
                    list.remove(j);
                    j--;        // 因为remove () 后，长度改变了，对应的下标也不再是原来的下标
                }
            }
            System.out.println(list.get(i) + "出现了" + count + "次");
        }
    }
}
```

图 4-8 完整代码

5 异常处理

学习目标：

(1)掌握如何处理异常。

(2)掌握如何抛出异常。

(3)掌握如何自定义异常。

Java 语言为软件开发人员提供了一种方便有效的异常处理机制，利用这种机制就可以将程序的功能代码与异常处理代码有效分开，使程序结构清晰，易于维护。

5.1 案 例 一

1.实验要求

为某公司开发一个员工管理系统，该系统中的一项功能是实现员工工资的发放。由于规定员工的工资不能低于 2000 元。因此在设置员工工资的方法中，如果给定的参数小于 2000，就抛出一个异常，测试如图 5-1 所示。

2.实验步骤

(1)自定义异常类 SalaryException，继承 Exception 类，如图 5-2 所示。

(2)定义员工类 Employee，在 setSalary()方法中如果工资低于 2000 元，则抛出异常；否则设置员工工资，并展示员工的工资。如图 5-3 所示。

(3)定义主类 TestSalaryException，如图 5-4 所示。

图 5-1　测试数据

```
class SalaryException extends Exception {
    public SalaryException(String string){
        super(string); //调用父类的构造方法
    }
}
```

图 5-2　实验步骤代码 1

```
class Employee {
    private double salary;
    //设置工资的方法，声明并抛出异常SalaryException
    public void setSalary(double salary) throws SalaryException{
        if(salary<2000) {
            throw new SalaryException("工资不能低于2000元");
        } else {
            this.salary = salary;
        }
        System.out.println("员工的工资为：" + salary);
    }
}
```

图 5-3　实验步骤代码 2

```java
public class TestSalaryException {
    public static void main(String[] args) {
        Scanner sc = new Scanner(System.in);
        Employee em = new Employee();
        System.out.println("请输入工资数：");
        double salary = sc.nextDouble();
        //对自定义异常进行捕获处理
        try {
            em.setSalary(salary);
        } catch (SalaryException e) {
            e.printStackTrace();   //输出异常的堆栈信息
        }
    }
}
```

图 5-4 实验步骤代码 3

5.2 案 例 二

1. 实验要求

开发一个用户存取钱系统。当账户余额不够时，就会抛出异常，测试如图 5-5 所示。

```
Problems  @ Javadoc  Declaration  Console
<terminated> BankDemo [Java Application] C:\Program Files\Java\jre1.8.0_102\bin\javaw.exe (2021年3月6日 下午4:17:
Depositing $500...

Withdrawing $100...

Withdrawing $600...
Sorry, but you are short $200.0
ch05.InsufficientFundsException
        at ch05.CheckingAccount.withdraw(CheckingAccount.java:24)
        at ch05.BankDemo.main(BankDemo.java:12)
```

图 5-5 测试数据

2. 实验步骤

(1) 自定义异常类 InsufficientFundsException，继承 Exception 类，如图 5-6所示。

其中属性 needs 用来储存当出现异常(余额不足)时所缺的线。

(2)定义银行账户类 CheckingAccount，其中属性 balance 表示余额，属性 number 为卡号；定义存钱方法 deposit()和取钱方法 withdraw()。如图 5-7所示。

```java
//自定义异常类，继承Exception类
class InsufficientFundsException extends Exception {
    // 此处的needs用来储存当出现异常（余额不足）时所缺的钱
    private double needs;

    public InsufficientFundsException(double needs) {
        this.needs = needs;
    }

    public double getNeeds() {
        return needs;
    }
}
```

图 5-6 实验步骤代码 1

```java
//此类模拟银行账户
class CheckingAccount {
    // balance为余额，number为卡号
    private double balance;
    private int number;

    public CheckingAccount(int number) {//构造函数
        this.number = number;
    }

    // 方法：存钱
    public void deposit(double amount) {
        balance += amount;
    }

    // 方法：取钱
    public void withdraw(double amount) throws InsufficientFundsException {
        if (amount <= balance) {
            balance -= amount;
        } else {
            double needs = amount - balance;
            throw new InsufficientFundsException(needs);
        }
    }
```

图 5-7 实验步骤代码 2

定义返回余额方法 getBalance()和返回卡号方法 getNumber()，如图 5-8 所示。

(3)定义主类 BankDemo，先存入 500 美元，接着取出 100 美元，当再继续取出 600 美元时，余额不足，就会抛出自定义异常，如图 5-9 所示。

```
    // 方法：返回余额
    public double getBalance() {
        return balance;
    }

    // 方法：返回卡号
    public int getNumber() {
        return number;
    }
}
```

图 5-8 实验步骤代码 3

```
public class BankDemo {
    public static void main(String[] args) {
        CheckingAccount c = new CheckingAccount(101);
        System.out.println("Depositing $500...");
        c.deposit(500.00);
        try {
            System.out.println("\nWithdrawing $100...");
            c.withdraw(100.00);
            System.out.println("\nWithdrawing $600...");
            c.withdraw(600.00);
        } catch (InsufficientFundsException e) {
            System.out.println("Sorry, but you are short $" + e.getNeeds());
            e.printStackTrace();
        }
    //  c.withdraw(600);
    }

}
```

图 5-9 实验步骤代码 4

6 图形用户界面编程与事件处理

学习目标：

(1)掌握常用的图形用户界面组件。

(2)掌握常见事件类型及事件处理方法。

图形用户界面是使用图形的方式，借助窗口中的菜单、按钮等界面元素和鼠标操作，实现用户与计算机系统的交互。用户通过图形界面向计算机系统发布命令、控制操作，相应的运行结果也以图形界面方式显示给用户。

6.1 案 例 一

1. 实验要求

仿照QQ登录界面编写图形化的QQ登录界面，并实现登录功能。如图6-1所示。

2. 实验步骤

(1)定义initUI()方法：创建初始化窗体、图片、文字标签、输入框、密码框、复选框、按钮等一系列组件，如图6-2所示。

(2)定义一个事件，登录成功时，打开“登录成功”窗体，显示文本“登录成功!”，否则打开“登录失败”窗体，显示文本“登录失败!”，如图6-3所示。

(3)在“登录”按钮上添加事件listener1，如图6-4所示。

(4)将组件对象添加至容器jf上，如图6-5所示。

(5)main()方法中，定义一个MyLogin类的对象并调用initUI()方法，如图6-6所示。

图 6-1　图形化的 QQ 登录界面

```java
public class MyLogin {
    // 创建一个初始化窗体的方法
    public void initUI() {
        JFrame jf = new JFrame();
        jf.setTitle("登录界面");// 标题
        jf.setSize(500, 500);// 窗体尺寸
        jf.setDefaultCloseOperation(JFrame.EXIT_ON_CLOSE);// 窗体程序关闭功能
        jf.setLocationRelativeTo(null);// 设置居中显示
        jf.setLayout(null);// 设置布局器
        // 实例化组件对象
        // 图片对象
        ImageIcon image = new ImageIcon("D:\\qq.jpg");
        // 图片标签 文字标签
        JLabel imageJla = new JLabel(image);
        imageJla.setBounds(202, 30, 96, 114);
        JLabel nameJla = new JLabel("账号");
        nameJla.setBounds(50, 160, 80, 20);
        JLabel pwdJla = new JLabel("密码");
        pwdJla.setBounds(50, 190, 80, 20);
        // 尺寸
        Dimension inputdim1 = new Dimension(420, 30);
        Dimension inputdim2 = new Dimension(450, 30);
        Dimension inputdim3 = new Dimension(180, 30);
        Dimension inputdim4 = new Dimension(230, 30);
        // 输入框
        JTextField namejtx = new JTextField();
        namejtx.setBounds(130, 160, 150, 20);
        JPasswordField pwdJpf = new JPasswordField();
        pwdJpf.setBounds(130, 190, 150, 20);
```

(a)

```
// 设置尺寸
namejtx.setPreferredSize(inputdim1);

pwdJpf.setPreferredSize(inputdim4);
// 复选框
JCheckBox jBox = new JCheckBox("记住密码");
jBox.setPreferredSize(inputdim2);
jBox.setBounds(50, 210, 80, 20);
JCheckBox jBox2 = new JCheckBox("自动登录");
jBox2.setPreferredSize(inputdim2);
jBox2.setBounds(150, 210, 80, 20);

// 按钮
JButton btn = new JButton("登录");
btn.setPreferredSize(inputdim3);
btn.setBounds(100, 350, 80, 30);
JButton btn2 = new JButton("注册");
btn2.setPreferredSize(inputdim3);
btn2.setBounds(200, 350, 80, 30);
```

(b)

图 6-2 实验步骤代码 1

```
//事件
    ActionListener listener1 = new ActionListener() {

        public void actionPerformed(ActionEvent e) {
            String name = namejtx.getText();
            String pwd = pwdJpf.getText();
            if("admin".equals(name) && "123".equals(pwd)) {
                JFrame jf1 = new JFrame();
                jf1.setTitle("登录成功界面");// 标题
                jf1.setSize(300, 300);// 窗体尺寸
                jf1.setDefaultCloseOperation(JFrame.EXIT_ON_CLOSE);// 窗体程序关闭功能
                jf1.setLocationRelativeTo(null);// 设置居中显示
                jf1.setLayout(null);// 设置布局器
                JLabel sucJla = new JLabel("登录成功!");
                sucJla.setBounds(50, 120, 80, 20);
                jf1.add(sucJla);
                jf1.setVisible(true);

            }
            else {
                JFrame jf2 = new JFrame();
                jf2.setTitle("登录失败界面");// 标题
                jf2.setSize(300, 300);// 窗体尺寸
                jf2.setDefaultCloseOperation(JFrame.EXIT_ON_CLOSE);// 窗体程序关闭功能
                jf2.setLocationRelativeTo(null);// 设置居中显示
                jf2.setLayout(null);// 设置布局器
                JLabel errJla = new JLabel("登录失败!");
                errJla.setBounds(50, 120, 80, 20);
                jf2.add(errJla);
                jf2.setVisible(true);

            }
        }

    }
```

图 6-3 实验步骤代码 2

```
//在btn按钮上添加事件
btn.addActionListener(listener1);
```

图 6-4　实验步骤代码 3

```
// 将组件对象添加至容器上
jf.add(imageJla);
jf.add(nameJla);

jf.add(namejtx);
jf.add(pwdJla);

jf.add(pwdJpf);
jf.add(jBox);
jf.add(jBox2);

jf.add(btn);
jf.add(btn2);

// 设置窗体显示
jf.setVisible(true);
```

图 6-5　实验步骤代码 4

```
// 主方法
public static void main(String[] args) {
    MyLogin login = new MyLogin();
    login.initUI();
}
```

图 6-6　实验步骤代码 5

6.2　案　例　二

1. 实验要求

实现简易计算器的功能：输入一个简单的运算公式，单击“＝”按钮之后，文本框中显示计算结果；单击“清除”按钮清除文本框中的所有内容。实验结果如图 6-7 所示。

图 6-7 实验结果

2. 实验步骤

(1)定义计算器界面类 CalculatorPanel,在类中定义计算器的按钮布局,添加按钮及相应的事件监听,定义按钮监听器类,用于显示数字和计算。

```
class CalculatorPanel extends Panel{
  //定义成员变量
  private JLabel display;      //展示数字的文本框
  private JPanel panel;
  private double result;
  private String lastCommand;
  private boolean start;

  //构造方法
  public CalculatorPanel() {
    setLayout(new BorderLayout());
    result = 0;
    lastCommand = " = ";
    start = true;
    display = new JLabel("0", SwingConstants.RIGHT);
  display. setBorder ( BorderFactory. createCompoundBorder
( BorderFactory. createLineBorder ( Color. BLACK ), BorderFactory.
createEmptyBorder(5, 5, 5, 5)));
    add(display, BorderLayout.NORTH);
    InsertAction insert = new InsertAction();
    CommandAction command = new CommandAction();
```

```
    //计算器按钮布局
    panel = new JPanel();
    panel.setLayout(new GridLayout(4,4));
    addButton("7", insert);
    addButton("8", insert);
    addButton("9", insert);
    addButton("/", command);
    addButton("4", insert);
    addButton("5", insert);
    addButton("6", insert);
    addButton(" * ", command);
    addButton("1", insert);
    addButton("2", insert);
    addButton("3", insert);
    addButton("- ", command);
    addButton("0", insert);
    addButton(".", insert);
    addButton("= ", command);
    addButton("+ ", command);
    add(panel,BorderLayout.CENTER);
  }
  //定义添加按钮的方法
  private void addButton(String label, ActionListener listener) {
    JButton button=new JButton(label);
    button.addActionListener(listener);
    panel.add(button);
  }
  //定义数字按钮监听器类,用于显示数字
  private class InsertAction implements ActionListener {
    public void actionPerformed(ActionEvent event) {
      String input=event.getActionCommand();
      if(start) {
        display.setText("");
        start = false;
      }
      display.setText(display.getText() + input);
```

```
    }
  }
  //定义非数字按钮监听器类,用于监听计算
  private class CommandAction implements ActionListener{
    public void actionPerformed(ActionEvent event) {
      String command=event.getActionCommand();
      if(start) {
        if(command.equals("=")) {
          display.setText(command);
          start=false;
        }else {
          lastCommand=command;
        }
      }else {
        calculate(Double.parseDouble(display.getText()));
        lastCommand=command;
        start=true;
      }
    }
  }
  //定义计算的方法
  public void calculate(double x) {
    if(lastCommand.equals("+")) {
      result +=x;
    }else if(lastCommand.equals("-")) {
      result -=x;
    }else if(lastCommand.equals("*")) {
      result *=x;
    }else if(lastCommand.equals("/")) {
      result /=x;
    }else if(lastCommand.equals("=")) {
      result=x;
    }
    display.setText(" " +result);
  }
}
```

(2)定义计算器窗体类 CalculatorFrame，创建一个计算器面板并将之加入到窗体的内容窗格 contentPane 中，代码如图 6-8 所示。

```
class CalculatorFrame extends JFrame{
    public CalculatorFrame() {
        setTitle("计算器");
        Container pane = getContentPane();
        CalculatorPanel panel = new CalculatorPanel();
        pane.add(panel);
    }
}
```

图 6-8 CalculatorFrame 类实验代码

(3)定义主类 SimpleCalculator，代码如图 6-9 所示。

```
public class SimpleCalculator {
    public static void main(String[] args) {
        CalculatorFrame frame = new CalculatorFrame();
        frame.setDefaultCloseOperation(JFrame.EXIT_ON_CLOSE);
        frame.setSize(200,200);
        frame.setVisible(true);
        frame.setResizable(false);
    }
}
```

图 6-9 SimpleCalculator 类实验代码

7 文件操作

学习目标：

(1)理解字节流与字符流。

(2)掌握常用流的使用。

Java 中所有的基本输入/输出操作都是以流为基础的，流代表数据的流动或者一端的写入器与另一端的读取器相互通信的通道。使用终端的输入/输出设备，读或写文件操作都会用到某种类型的流。

7.1 案例一

1. 实验要求

利用输入/输出流实现文本文件的复制，如图 7-1 所示。

图 7-1 利用输入/输出流实现文本文件的复制

2. 实验步骤

(1)实现文件复制，先定义一个读文件的方法 readFile(String fileName)，如图 7-2 所示。

(2)定义一个 copyFile(String fileName, String toPath)方法，实现文件的复制，如图 7-3 所示。

(3)在 main()方法中调用 copyFile()方法，如图 7-4 所示。

```
public static void readFile(String fileName) {
    try {
        File file = new File(FileExample.class.getResource("file.txt").toURI());
        if(file.exists()) {
            FileInputStream fi = new FileInputStream(file);
            byte[] bs = new byte[1024];
            StringBuffer sb = new StringBuffer();
            while(fi.read(bs, 0, 1024) == 1024) {
                String str = new String(bs);
                sb.append(str);
            }
            sb.append(new String(bs));
            System.out.println(sb.toString());
            fi.close();
        }
    } catch (Exception e) {
        e.printStackTrace();
    }
}
```

图 7-2 实验步骤代码 1

```
public static void copyFile(String fileName, String toPath) {
    try {
        File file = new File(FileExample.class.getResource(fileName).toURI());
        File tofile = new File(System.getProperty("user.dir") + "/src/ch07/" + toPath);
        if(file.exists()) {
            System.out.println(tofile.getParent());
            tofile.createNewFile();
            FileInputStream fi = new FileInputStream(file);
            FileOutputStream fos = new FileOutputStream(tofile);
            byte[] bs = new byte[1024];
            while(fi.read(bs, 0, 1024) == 1024) {
                fos.write(bs);
            }
            fos.write(bs);
            fos.flush();
            fos.close();
            fi.close();
        }
    } catch (Exception e) {
        e.printStackTrace();
    }
}
```

图 7-3 实验步骤代码 2

```
public static void main(String[] args) {
    copyFile("file.txt", "file1.txt");
}
```

图 7-4 实验步骤代码 3

7.2 案例二

1.实验要求

利用字节流完成非文本文件的复制，如图 7-5 所示。

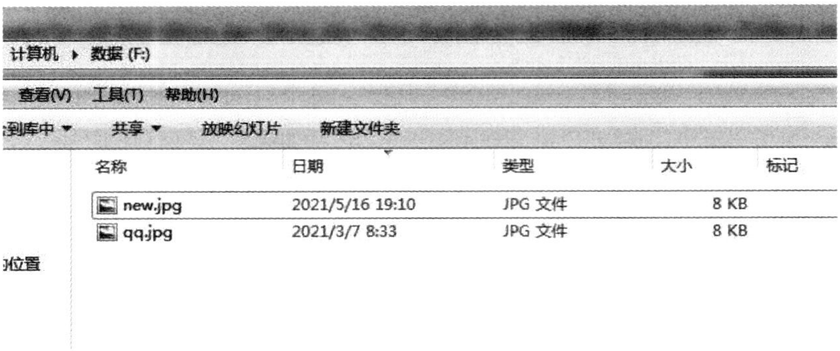

图 7-5 利用字节流完成非文本文件的复制

2.实验步骤

使用字节输入流和输出流，将输入的字节输出到文件，即可完成非文本文件的复制。完整代码如图 7-6 所示。

```
public class TestCopyImag {
    public static void main(String[] args) throws IOException{
        FileInputStream fis = new FileInputStream("F://qq.jpg");
        FileOutputStream fos = new FileOutputStream("F://new.jpg");
        byte[] bs = new byte[1024];
        int len = 0;
        while((len=fis.read(bs)) != -1) {
            fos.write(bs, 0, len);
        }
        fos.close();
        fis.close();
    }
}
```

图 7-6 完整代码

8　网络编程

学习目标：

(1)掌握 Socket 编程步骤。

(2)理解 Socket 和 ServerSocket 类。

Java 语言提供的一些类能很容易地实现客户程序和服务器程序之间的直接网络通信。客户端/服务端通过信息传递机制，由客户端发送请求给服务器，服务器收到请求后，进行相应处理并把结果返回给客户端。下面给出一个相关案例。

1. 实验要求

实现客户端与服务端的实时通信。如图 8-1 所示。

图 8-1　客户端与服务端的实时通信

2. 实验步骤

(1)编写服务端代码：创建服务端 socket，循环监听，等待客户端的连接。如图 8-2 所示。

```
public class SimpleServer {

    public SimpleServer(String port) {
        try {
            ServerSocket serverSocket = new ServerSocket(Integer.parseInt(port));
            // 创建服务端socket
            // 循环监听，等待客户端的连接
            while (true) {
                // 监听客户端
                Socket socket = serverSocket.accept();
                System.out.println("当前客户端的IP: " + socket.getInetAddress().getHostAddress());
                new Thread(new Runnable() {
                    public void run() {
                        InputStream is = null;
                        try {
                            is = socket.getInputStream();
                            readMsg(is);
                        } catch (Exception e1) {
                            e1.printStackTrace();
                        }
                    }
                   public void readMsg(InputStream is) throws Exception{  //读取客户端的消息
                       int len = 0;
                       StringBuffer sb = new StringBuffer();
                       byte[] bs = new byte[4];
                       while ((len = is.read(bs)) != -1) {
                           String msg = new String(bs, 0, len);
                           if (msg.indexOf("eof") != -1) {
                               break;
                           }else {
                               sb.append(msg);
                           }
                       }
                       System.out.println("来自客户端的消息: " + sb.toString());
                       readMsg(is);
                   }
               }).start();

               //发送消息给客户端
               OutputStream os = socket.getOutputStream();
               Writer  pw = new OutputStreamWriter(os);
               Scanner sc = null;
               while (true) {
                   System.out.println("发送消息给客户端eof结尾");
                   sc = new Scanner(System.in);
                   pw.write(sc.nextLine());
                   pw.flush();
               }
            }
        } catch (Exception e) {
        }
    }
}
```

图 8-2　实验步骤代码 1

(2)编写客户端的代码:创建 socket,与服务器创建连接。如图 8-3 所示。

(3)编写主类 SimpleChat,实现客户端和服务端的通信。如图 8-4 所示。

```java
public class SimpleClient {
    private boolean flag = true;
    private Scanner sc;

    public SimpleClient(String ip, String port) {
        try {
            // 和服务器创建连接
            Socket socket = new Socket(ip, Integer.parseInt(port));
            new Thread(new Runnable() {
                public void run() {
                    InputStream is = null;
                    try {
                        is = socket.getInputStream();
                        readMsg(is);
                    } catch (Exception e1) {
                        e1.printStackTrace();
                    }
                }
                public void readMsg(InputStream is) throws Exception{
                    int len = 0;
                    StringBuffer sb = new StringBuffer();
                    byte[] bs = new byte[4];
                    while ((len = is.read(bs)) != -1) {
                        String msg = new String(bs, 0, len);
                        if (msg.indexOf("eof") != -1) {
                            break;
                        }else {
                            sb.append(msg);
                        }
                    }
                    System.out.println("来自服务端的消息：" + sb.toString());
                    readMsg(is);
                }
            }).start();

            OutputStream os = socket.getOutputStream();
            Writer  pw = new OutputStreamWriter(os);
            while (flag) {
                System.out.println("发送消息给服务端eof结尾");
                sc = new Scanner(System.in);
                pw.write(sc.nextLine());
                pw.flush();
            }
        } catch (Exception e) {
            System.out.println("连接服务器失败");
        }
    }
}
```

图 8-3 实验步骤代码 2

```java
import java.util.Scanner;

public class SimpleChat {

    public static void main(String[] args) {
        System.out.println("键盘输入命令:");
        System.out.println("输入: client+回车。备注: 客户端");
        System.out.println("输入: server+回车。备注: 服务端");
        Scanner sc = new Scanner(System.in);
        String comm = sc.nextLine();// 读取字符串
        if("client".equals(comm)) {
            System.out.println("请输入服务器IP");
            sc = new Scanner(System.in);
            String ip = sc.nextLine();
            System.out.println("请输入服务器端口号");
            sc = new Scanner(System.in);
            String port = sc.nextLine();
            SimpleClient client = new SimpleClient(ip, port);
        }else if("server".equals(comm)) {
            System.out.println("请输入服务器端口号");
            sc = new Scanner(System.in);
            String port = sc.nextLine();
            SimpleServer client = new SimpleServer(port);
        }else {
            System.out.println("命令错误自动退出");
        }
    }
}
```

图 8-4 实验步骤代码 3

9 实战项目

通过综合项目的练习，巩固 Java 的基础知识。本章开发一个酒店管理系统，由浅入深依次开发初级、中级和高级版本。

9.1 超市存取包

1. 实验要求

超市存取包有存包和取包两种操作。初始化系统有一系列的储物箱，存包动作生成一个密码，并占用一个储物箱；取包时验证输入储物箱编号以及密码，正确则清空储物箱。如图 9-1 所示。

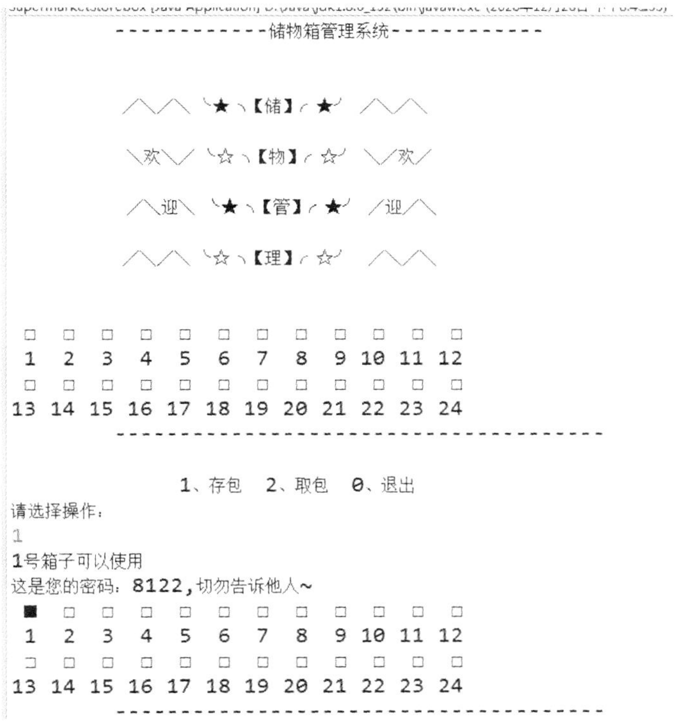

```
                    -----------------------------------------

                    1、存包    2、取包    0、退出
请选择操作:
1
2号箱子可以使用
这是您的密码: 8269,切勿告诉他人~
 ■   ■   □   □   □   □   □   □   □   □   □   □
 1   2   3   4   5   6   7   8   9  10  11  12
 □   □   □   □   □   □   □   □   □   □   □   □
13  14  15  16  17  18  19  20  21  22  23  24
                    -----------------------------------------

                    1、存包    2、取包    0、退出
请选择操作:
```

```
                    -----------------------------------------

                    1、存包    2、取包    0、退出
请选择操作:
2
请输入箱号:
1
请输入箱子密码:
5555
密码错误,请重新输入!
请输入箱子密码:
5555
密码错误,请重新输入!
请输入箱子密码:
5555
密码错误,请重新输入!
密码输错3次,储物箱被锁定,请联系前台服务人员解决。
 ■   ■   □   □   □   □   □   □   □   □   □   □
 1   2   3   4   5   6   7   8   9  10  11  12
 □   □   □   □   □   □   □   □   □   □   □   □
13  14  15  16  17  18  19  20  21  22  23  24
                    -----------------------------------------

                    1、存包    2、取包    0、退出
请选择操作:
```

图 9-1　实验要求

2. 实验步骤

(1)定义主类、一个数组、24 个箱子,main 函数中调用 welcome()方法,画出主界面。如图 9-2 所示。主界面如图 9-3 所示。

(2)定义方法 drawBoxes(),用来画出箱子。如图 9-4 所示。

(3)进行操作,如图 9-5 所示。存包方法 put()如图 9-6 所示。取包方法 get()如图 9-7 所示。退出方法 exit()如图 9-8 所示。

```java
public class SupermarketStoreBox {
    public static int[] boxes = new int[24]; //定义一个数组，24个箱子
    static Scanner scan = new Scanner(System.in);

    public static void main(String[] args) {
        welcome();

    }
```

图 9-2 实验步骤代码 1

```java
public static void welcome() {
    System.out.println("\t------------储物箱管理系统------------\n\n");
    System.out.println("\t ／＼／＼ ╰★╮【储】╭★╯ ／＼／＼  \n");
    System.out.println("\t ＼欢＼／ ╰☆╮【物】╭☆╯ ＼／欢／  \n");
    System.out.println("\t ／＼迎＼ ╰★╮【管】╭★╯ ／迎／＼  \n");
    System.out.println("\t ／＼／＼ ╰☆╮【理】╭☆╯ ／＼／＼ \n\n");
    operate();
}
```

图 9-3 实验步骤代码 2

```java
public static void drawBoxes() {
    for (int i = 0; i < 12; i++) {// 遍历第一行的12个箱子
        if (boxes[i] == 0) {// 判断箱子中是否有东西
            System.out.print(" □ ");// 打印空箱子
        } else {// 箱子中有东西
            System.out.print(" ■ ");// 打印实心箱子
        }
    }
    System.out.println();
    for (int j = 1; j <= 12; j++) {
        System.out.printf("%2d ", j);// 给前12个箱子编号
    }
    System.out.println();
    for (int x = 12; x < boxes.length; x++) {// 打印后12个箱子
        if (boxes[x] == 0) {// 判断箱子中是否有东西
            System.out.print(" □ ");
        } else {// 箱子中有东西
            System.out.print(" ■ ");
        }
    }
    System.out.println();
    for (int y = 13; y <= 24; y++) {
        System.out.printf("%2d ", y);// 给后12个箱子编号
    }
    System.out.println();
}
```

图 9-4 实验步骤代码 3

```java
public static void operate() {
    while (true) {
        drawBoxex();
        System.out.println("\t--------------------------------------\n");
        System.out.println("\t      1、存包  2、取包  0、退出");
        System.out.println("请选择操作：");
        int select = scan.nextInt();
        switch (select) {
        case 1:
            put();
            break;
        case 2:
            get();
            break;
        case 0:
            exit();
            break;
        default:
            System.out.println("输入错误");
            break;
        }
    }
}
```

图 9-5 实验步骤代码 4

```java
/**
 * 定义一个存包的方法
 */
public static void put() {
    Random rd = new Random();
    for (int i = 0; i <= 23; i++) {
        if (boxes[i] == 0) {// 箱子是空的
            boxes[i] = rd.nextInt(8999) + 1000;// 生成密码
            System.out.println((i + 1) + "号箱子可以使用");
            System.out.println("这是您的密码：" + boxes[i] + ",切勿告诉他人~");
            break;
        }
        if (i == 23) {
            System.out.println("箱子已经满了，请稍后！");
        }
    }
}
```

图 9-6 实验步骤代码 5

```
 * 定义一个取包的方法
 */
public static void get() {
    int count = 0;//计数器，记录密码输错次数
    System.out.println("请输入箱号：");
    int i = scan.nextInt() - 1;
    if (i > 23) {
        System.out.println("不存在该储物箱子");
    } else {
        if (boxes[i] == 0) {
            System.out.println("该箱子中并没有东西！");
        } else {
            while (true) {
                System.out.println("请输入箱子密码：");
                int pwd = scan.nextInt();
                if (boxes[i] == pwd) {
                    System.out.println((i + 1) + "号箱子打开,请取走您的贵重物品！");
                    boxes[i] = 0;
                    break;
                } else {
                    count++;
                    System.out.println("密码错误，请重新输入！");
                    if (count >= 3) {
                        System.out.println("密码输错3次，储物箱被锁定，请联系前台服务人员解决。");
                        return;
                    }
                }
            }
        }
    }
}
```

图 9-7　实验步骤代码 6

```
/**
 * 退出方法
 */
public static void exit() {
    System.out.println("欢迎下次再来，Bye Bye!!!");
    System.exit(0);

}
```

图 9-8　实验步骤代码 7

9.2 模　拟　ATM

1.实验要求

用 Java 程序模拟银行 ATM 机，实现查询、存款、取款、转账功能，如图 9-9所示。

```
---------------------
1.取款.
2.查询.
3.存款.
4.转账
5.退出系统---------------------
请输入您的卡号:
000
请输入您的密码:
111
请选择您要操作的项目(1-5):
2
------------------------
账号:000; 姓名:张三; 余额:5000.0
------------------------
请选择您要操作的项目(1-5):
1
请输入取款金额:
200
取款成功,您账户的余额为:4800.0
---------------------
1.取款.
2.查询.
3.存款.
4.转账
5.退出系统---------------------
请选择您要操作的项目(1-5):
```

图 9-9 实验要求

2. 实验步骤

(1)定义账户 Account 类,属性有卡号 number、客户姓名 name、客户密码 password 及余额 balance;方法有 getNumber()、getName()、getPassword()、getBalance()、subBalance()和 addBalance(),如图 9-10 所示。

(2)定义 ATM 类,设计出欢迎界面,根据输入的卡号和密码验证账户是否存在,若存在则根据提示选择需要操作的项目,如图 9-11 和图 9-12 所示。

(3)定义操作项目的方法 operate():根据不同的选择,进行不同的操作,如图 9-13所示。

(4)分别定义不同的操作,如图 9-14 所示。

(5)定义主类 TestATM,展示欢迎界面并登录系统。如图 9-15 所示。

```
import java.io.*;
public class Account {
    private String number=null;          //卡号
    private String name=null;            //客户姓名
    private String password=null;        //客户密码
    private double balance=0.0;          //余额
    /*构造方法，以生成多个储户信息*/
    public Account(String number,String name,String password,double money) {
        this.number=number;
        this.name=name;
        this.password=password;
        this.balance=money;
    }
    protected String getNumber() {
        return number;
    }
    protected String getName() {
        return name;
    }
    protected String getPassword() {
        return password;
    }
    public double getBalance() {
        return balance;
    }
    protected void subBalance(double mon) {
        balance-=mon;
    }                                        //余额减少
    protected void addBalance(double mon) {
        balance+=mon;
    }                                        //余额增加
}
```

图 9-10　实验步骤代码 1

```
import java.io.*;
class ATM {
    Account acc1;
    Account acc2;
    public ATM() {
        acc1=new Account("000","张三","111",5000);
        acc2=new Account("222","李四","333",5000);
    }
    /*********欢迎界面*********/
    protected void welcome() {
        String str="---------------------";
        System.out.print(str+"\n");
        System.out.print("1.取款."+"\n"+"2.查询."+"\n"+"3.存款."+"\n"+"4.转账"+"\n"+"5.退出系统");
        System.out.print(str+"\n");
    }
```

图 9-11　实验步骤代码 2

```
/*********登录系统
 * @throws Exception *********/
protected void loadSystem() throws Exception {
    String card,pwd;
    int counter=0;
    BufferedReader br=new BufferedReader(new InputStreamReader(System.in));      //创建标准输入和输出流
    do {
        System.out.println("请输入您的卡号：");
        card=br.readLine();                                //读取键盘信息
        System.out.println("请输入您的密码：");
        pwd=br.readLine();
        if(!isRight(card,pwd)) {                           //判断卡号和密码是否正确
            System.out.println("您的卡号和密码有误：");
            counter++;
        }else
            operate();
    }while(counter<3);
    System.exit(1);                                        //应用退出
}
```

图 9-12　实验步骤代码 3

```
protected void operate()throws Exception{              //操作项目
    int num;
    BufferedReader br=new BufferedReader(new InputStreamReader(System.in));
    System.out.println("请选择您要操作的项目（1-5）：");
    num=br.read();                                     //num为ascll码转换的整数
    switch(num) {
    case 49:
        getMoney();    //取款
        break;
    case 50:
        query();      //信息查询
        break;
    case 51:
        addMoney();   //存款
    case 52:
        transfer();   //转账
    case 53:
        exit();      //退出
        break;
    }
    System.exit(1);
}
```

图 9-13　实验步骤代码 4

```
/**********信息查询**********/
protected void query()throws Exception{
    System.out.print("-----\n"+"账号:"+acc1.getNumber()+"; 姓名:"+acc1.getName()+"; 余额:"+acc1.getBalance()+"\n"+"-----\n"); +"\n"+"-----\n");
    operate();
}
/*********取款**************/
public void getMoney() throws Exception{
    String str=null;
    BufferedReader br=new BufferedReader(new InputStreamReader(System.in));
    do {
        System.out.println("请输入取款金额：");
        str=br.readLine();
        double money=Double.valueOf(str).doubleValue();            //将字符串转换为double类型
        if(money>acc1.getBalance()) {
            System.out.println("余额不足，请重新输入你要取的金额：");
        }else {
            acc1.subBalance(money);
            System.out.println("取款成功，您账户的余额为："+acc1.getBalance());
            welcome();
            operate();
        }
```

```
        }while(true);
    }
    /**********存款**************/
    public void addMoney() throws Exception{
        String str=null;
        BufferedReader br=new BufferedReader(new InputStreamReader(System.in));
        do {
            System.out.println("请输入存款项目：");
            str=br.readLine();
            double money=Double.valueOf(str).doubleValue();
            acc1.addBalance(money);
            System.out.println("存款成功，您账户的余额为："+acc1.getBalance());
            welcome();
            operate();
        }while(true);
    }
    /**********验证账户是否正确**************/
    protected boolean isRight(String card,String pwd) {
        if (acc1.getNumber().equals(card)&&acc1.getPassword().equals(pwd))
            return true;
        else
            return false;
    }
    protected boolean isRight2(String card,String pwd) {
        if (acc2.getNumber().equals(card)&&acc1.getPassword().equals(pwd))
            return true;
        else
            return false;
    }
    /**********退出系统**************/
    protected void exit() {
        System.out.println("感谢您使用本系统，再见！");
        System.exit(1);
    }
    /**********转账功能**************/
    protected void transfer() throws Exception {
        String card,pwd;
        int counter=0;
        BufferedReader br=new BufferedReader(new InputStreamReader(System.in));
        do {
            System.out.println("请输入您要转账的卡号：");
            card=br.readLine();
            System.out.println("请输入您的密码：");
            pwd=br.readLine();
            if(!isRight2(card,pwd)) {
                System.out.println("您的转账卡号和密码有误：");
                counter++;
            }else
                do {
                    System.out.println("请输入转账的金额：");
                    String str = br.readLine();
                    double qu=Double.valueOf(str).doubleValue();
                    if(qu>acc1.getBalance()) {
                        System.out.println("余额不足，请重新输入你要转账的数目：");
                    }else {
                        acc1.subBalance(qu);
                        double qu1=Double.valueOf(str).doubleValue();
                        acc2.addBalance(qu1);
                        System.out.println("转账成功，您账户的余额为："+acc1.getBalance());
                        System.out.println("存款成功，账户2的余额为："+acc2.getBalance());
                        welcome();
                        operate();
```

```
            }
        }while(true);
    }while(counter<3);
    System.exit(1);
}
```

图 9-14 实验步骤代码 5

```
public class TestATM {
    public static void main(String[] args) throws Exception{
        ATM atm=new ATM();
        atm.welcome();
        atm.loadSystem();
    }
}
```

图 9-15 实验步骤代码 6

9.3 酒店管理系统初级版

1. 实验要求

在控制台展示酒店的基本信息：酒店名称、酒店地址、酒店电话、酒店入住情况。如图 9-16 所示。

```
SystemMain [Java Application] D:\Java\jdk1.8.0_152\bin\javaw.exe (2020年12月1日 上午11:29:40)
酒店系统启动中...
酒店名称：教学酒店管理系统
酒店地址：花溪区
酒店电话：0851-1234567
酒店入住情况：
00空闲中  01空闲中  02空闲中  03空闲中  04空闲中  05空闲中
10空闲中  11空闲中  12空闲中  13空闲中  14空闲中  15空闲中
20空闲中  21空闲中  22空闲中  23空闲中  24空闲中  25空闲中
30空闲中  31空闲中  32空闲中  33空闲中  34空闲中  35空闲中
40空闲中  41空闲中  42空闲中  43空闲中  44空闲中  45空闲中
50空闲中  51空闲中  52空闲中  53空闲中  54空闲中  55空闲中
```

图 9-16 实验要求

2. 实验步骤

(1)抽取出 Room 类的属性：number(房号)、status(入住状态)；Room 类的方法：getters 和 setters。如图 9-17 所示。

(2)抽取出 Hotel 类的属性：name、address、telephone、level、size、Room；Hotel 类的方法。如图 9-18 所示。

SystemMain.java　Room.java　Hotel.java

```java
package hotel;

public class Room {
    private String number;
    private boolean status;


    public String getNumber() {
        return number;
    }


    public void setNumber(String number) {
        this.number = number;
    }


    public boolean isStatus() {
        return status;
    }


    public void setStatus(boolean status) {
        this.status = status;
    }


    public String toString() {
        if(this.status) {
            return this.number + "已入住";
        }else {
            return this.number + "空闲中";
        }
    }
}

```

图 9-17　实验步骤代码 1

构造方法(用来初始化)：

toString()：用来输出酒店的情况。

queryHotelView()：用来查询酒店的入住情况。

(3)在 main 函数中，控制台展示酒店的基本信息。如图 9-19 所示。

SystemMain.java　Room.java　Hotel.java

```java
package hotel;

public class Hotel {
    private String name;
    private String add;
    private String tel;
    private int level;
    private int size;
    private Room[][] rooms;

    public Hotel(String name, String add, String tel, int level, int size) {
        this.name = name;
        this.add = add;
        this.tel = tel;
        this.level = level;
        this.size = size;
        roomInit();
    }

    public void roomInit() {
        rooms = new Room[level][size];
        for(int i=0; i<level; i++) {
            for(int j=0; j<size; j++) {
                Room room = new Room();
                room.setNumber(i+""+j);
                room.setStatus(false);
                rooms[i][j] = room;
            }
        }
    }

    public String toString() {
        StringBuilder sb = new StringBuilder();
        sb.append("酒店名称：" + this.name + "\n");
        sb.append("酒店地址：" + this.add + "\n");
        sb.append("酒店电话：" + this.tel + "\n");
        sb.append("酒店入住情况：\n");
        sb.append(this.queryHotelView());//酒店入住情况
        return sb.toString();
    }

    public String queryHotelView(){//酒店入住情况
        StringBuilder sb = new StringBuilder();
        for (int i = 0; i < level; i++) {
            for (int j = 0; j < size; j++) {
                sb.append(rooms[i][j].toString() + "\t");
            }
            sb.append("\n");
        }
        return sb.toString();
    }


}
```

图 9-18　实验步骤代码 2

```
package hotel;

import java.util.Scanner;

public class SystemMain {
    public static void main(String[] args) {
        System.out.println("酒店系统启动中...");
        Hotel hotel = new Hotel("教学酒店管理系统", "花溪区", "0851-1234567", 6, 6);
        System.out.println(hotel.toString());
    }

}

```

图 9-19　实验步骤代码 3

9.4　酒店管理系统中级版

1. 实验要求

在展示酒店基本情况和房间入住情况的基础上，添加帮助指令，可在控制台进行房间的入住和退房业务的办理。如图 9-20 所示。

```
Problems  Javadoc  Declaration  Console
SystemMain [Java Application] D:\Java\jdk1.8.0_152\bin\javaw.exe (2020年12月1日 上午11:31:12)
H:查看帮助
QH:查看酒店入住情况
I -n:n号房入住
O -n:n号房退房
Q -n:查看n号房的入住情况

i -42
成功办理入住!
q - 42
42已入住
qh
00空闲中  01空闲中  02空闲中  03空闲中  04空闲中  05空闲中
10空闲中  11空闲中  12空闲中  13空闲中  14空闲中  15空闲中
20空闲中  21空闲中  22空闲中  23空闲中  24空闲中  25空闲中
30空闲中  31空闲中  32空闲中  33空闲中  34空闲中  35空闲中
40空闲中  41空闲中  42已入住  43空闲中  44空闲中  45空闲中
50空闲中  51空闲中  52空闲中  53空闲中  54空闲中  55空闲中

o -22
此房间本空闲，不能办理退房!
```

图 9-20　实验要求

2. 实验步骤

（1）在控制台展示帮助命令，如图 9-21 所示。

Hotel.java SystemMain.java

```java
package hotel;

import java.util.Scanner;

public class SystemMain {
    public static void main(String[] args) {
        System.out.println("酒店系统启动中...");
        Hotel hotel = new Hotel("教学酒店管理系统", "花溪区", "0851-1234567", 6, 6);
        System.out.println(hotel.toString());
        StringBuilder help = new StringBuilder();
        help.append("H:查看帮助\n");
        help.append("QH:查看酒店入住情况\n");
        help.append("I -n:n号房入住\n");
        help.append("O -n:n号房退房\n");
        help.append("Q -n:查看n号房的入住情况\n");
        System.out.println(help.toString());
```

Console

SystemMain (2) [Java Application] D:\Java\jdk1.8.0_152\bin\javaw.exe (2020年12月11日 上午11:18:02)

```
酒店系统启动中...
酒店名称：教学酒店管理系统
酒店地址：花溪区
酒店电话：0851-1234567
酒店入住情况：
00空闲中  01空闲中  02空闲中  03空闲中  04空闲中  05空闲中
10空闲中  11空闲中  12空闲中  13空闲中  14空闲中  15空闲中
20空闲中  21空闲中  22空闲中  23空闲中  24空闲中  25空闲中
30空闲中  31空闲中  32空闲中  33空闲中  34空闲中  35空闲中
40空闲中  41空闲中  42空闲中  43空闲中  44空闲中  45空闲中
50空闲中  51空闲中  52空闲中  53空闲中  54空闲中  55空闲中

H:查看帮助
QH:查看酒店入住情况
I -n:n号房入住
O -n:n号房退房
Q -n:查看n号房的入住情况
```

图 9-21　实验步骤代码 1

(2)剥离出输入的房间号，找到对应房间，如图 9-22 所示。

Hotel.java

```java

    public Room findRoom(String number) {//剥离出输入的房间号，找到对应房间，如"34"
        if(number != null) {
            if(number.length() == 2) {
                String num1 = number.substring(0, 1);//"3"--3
                String num2 = number.substring(1, 2); //"4"--4
                int n1 = Integer.parseInt(num1);//3    2
                int n2 = Integer.parseInt(num2);//4    3
                if(n1>level || n2>size) {
                    return null;
                }else {
                    Room room = rooms[n1][n2];
                    return room;
                }
            }

        }
        return null;
    }

```

图 9-22　实验步骤代码 2

(3)实现房间入住的功能和退房的功能,如图 9-23 所示。

```java
    }

    public String in(String number){//房间入住功能
        Room room = this.findRoom(number);//room[3][4]
        if(room != null){
            if(room.isStatus()) {
                return "此房间已入住，不能再办理入住！";
            }else {
                room.setStatus(true);
                return "成功办理入住！";
            }
        }
        return "房号错误";
    }

    public String out(String number){ //退房功能
        Room room = this.findRoom(number);
        if(room != null) {
            if(!room.isStatus()) {
                return "此房间本空闲，不能办理退房！";
            }else {
                room.setStatus(false);
                return "成功办理退房！";
            }
        }
        return "房号错误";
    }

```

图 9-23 实验步骤代码 3

(4)在控制台显示房间状态,如图 9-24 所示。

```java
package hotel;

import java.util.Scanner;

public class SystemMain {
    public static void main(String[] args) {
        System.out.println("酒店系统启动中...");
        Hotel hotel = new Hotel("教学酒店管理系统", "花溪区", "0851-1234567", 6, 6);
        System.out.println(hotel.toString());
        StringBuilder help = new StringBuilder();
        help.append("H:查看帮助\n");
        help.append("QH:查看酒店入住情况\n");
        help.append("I -n:n号房入住\n");
        help.append("O -n:n号房退房\n");
        help.append("Q -n:查看n号房的入住情况\n");
        System.out.println(help.toString());
        Scanner sc = new Scanner(System.in);
        while (sc.hasNext()) {
            String comm = sc.nextLine();
            if ("H".equalsIgnoreCase(comm)) {
                System.out.println(help.toString());
            } else if ("QH".equalsIgnoreCase(comm)) {
                System.out.println(hotel.queryHotelView());
            } else if (comm.indexOf("I -") == 0 || comm.indexOf("i -") == 0) {
```

```
                String number = comm.substring(3, comm.length());// n剥离出来
                System.out.println(hotel.in(number.trim()));
            } else if (comm.indexOf("O -") == 0 || comm.indexOf("o -") == 0) {
                String number = comm.substring(3, comm.length());
                System.out.println(hotel.out(number.trim()));
            } else if (comm.indexOf("Q -") == 0 || comm.indexOf("q -") == 0) {
                String number = comm.substring(3, comm.length());
                System.out.println(hotel.query(number.trim()));
            } else {
                System.out.println("输入不正确，请重新输入！");
            }
        }
        sc.close();
    }
}
```

图 9-24　实验步骤代码 4

9.5　酒店管理系统高级版

1. 实验要求

设计图形用户界面，添加事件，使用图形化的界面完成房间的入住和退房、房间状态的查看。如图 9-25 所示。

图 9-25　实验要求

2. 实验步骤

(1)抽取出 RoomPo(房间类)、LayerPo(楼层类)、HotelPo(酒店类)。

RoomPo 代码如图 9-26 所示。

LayerPo 代码如图 9-27 所示。

```java
package com.ytm.hotel.po;

/**
 * @RoomPo:Room类的属性name、status;生成属性的 getters、setters
 *
 */
public class RoomPo {

    private String name;
    private String status;

    public String getName() {
        return name;
    }

    public void setName(String name) {
        this.name = name;
    }

    public String getStatus() {
        return status;
    }

    public void setStatus(String status) {
        this.status = status;
    }

    public String toString() {
        return name;
    }
}
```

图 9-26　实验步骤代码 1

HotelPo 代码如图 9-28 所示。

(2)设计出每一个房间的界面类 RoomPanePo,并添加入住和退房的事件,如图 9-29 所示。

(3)设计出整个图形用户界面设计类 HotelSystemMain,如图 9-30 所示。

HotelPo.java LayerPo.java RoomPo.java RoomPanePo.java HotelSystemMain.java

```
package com.ytm.hotel.po;


/**
 * @LayerPo:楼层类，描述每一层的房间情况
 *
 */
public class LayerPo {

    private String name;
    private RoomPo[] rooms;
    private int roomSize = 8;

    public String getName() {
        return name;
    }

    public void setName(String name) {
        this.name = name;
    }

    public LayerPo(String name) {
        this.name = name;
        rooms = new RoomPo[roomSize];
        for (int i = 0; i < roomSize; i++) {
            rooms[i] = new RoomPo();
            rooms[i].setName(this.name  + "第" + (i + 1) + "号房间");
            rooms[i].setStatus("N");
        }
    }

    public RoomPo[] getRooms() {
        return rooms;
    }

    public void setRooms(RoomPo[] rooms) {
        this.rooms = rooms;
    }

    public String toString() {
        StringBuffer sb = new StringBuffer();
        for (int i = 0; i < roomSize; i++) {
            sb.append(rooms[i].toString() + "\t");
        }
        return sb.toString();
    }
}
```

图 9-27 实验步骤代码 2

```java
package com.ytm.hotel.po;

/**
 * @HotelPo:描述酒店的类
 *
 */
public class HotelPo {

    private LayerPo[] layers;
    private int layerSize = 6;

    public HotelPo() {
        layers = new LayerPo[layerSize];
        for (int i = 0; i < layerSize; i++) {
            layers[i] = new LayerPo("第" + (i + 1) + "层");
        }
    }

    public LayerPo[] getLayers() {
        return layers;
    }

    public void setLayers(LayerPo[] layers) {
        this.layers = layers;
    }

    public String toString() {
        StringBuffer sb = new StringBuffer();
        for (int i = 0; i < layerSize; i++) {
            sb.append(layers[i].toString() + "\n");
        }
        return sb.toString();
    }
}
```

图 9-28 实验步骤代码 3

HotelPo.java LayerPo.java RoomPo.java RoomPanePo.java HotelSystemMain.java

```java
public class RoomPanePo extends BorderPane{
    public RoomPanePo(RoomPo room){
        Label lb = new Label(room.getName());
        Button bt1 = new Button("入住");
        Button bt2 = new Button("退房");
        this.setTop(lb);
        this.setCenter(bt1);
        this.setPadding(new Insets(15));
        this.setStyle("-fx-border-color:white");
        RoomPanePo po = this;
        bt1.setOnAction(new EventHandler<ActionEvent> () {

            public void handle(ActionEvent event) {
                room.setStatus("Y");
                po.setCenter(bt2);
                po.setStyle("-fx-background-color:red");
                //bPane.setBackground(new Background());
            }

        });
        bt2.setOnAction(new EventHandler<ActionEvent>() {
            public void handle(ActionEvent event) {
                room.setStatus("N");
                po.setCenter(bt1);
                po.setStyle("-fx-background-color:green");
            }
        });
        if ("Y".equals(room.getStatus())) {
            po.setStyle("-fx-background-color:red");
            po.setCenter(bt2);
        } else {
            po.setStyle("-fx-background-color:green");
            po.setCenter(bt1);
        }
    }
}
```

图 9-29 实验步骤代码 4

```java
package com.ytm.hotel;

import com.ytm.hotel.po.HotelPo;
import com.ytm.hotel.po.RoomPanePo;

import javafx.application.Application;
import javafx.scene.Scene;
import javafx.scene.layout.GridPane;
import javafx.stage.Stage;

/**
 * @设计整个图形用户界面
 *
 */
public class HotelSystemMain extends Application {
    public static void main(String[] args) {
        launch(args);
    }

    public void start(Stage primaryStage) throws Exception {
        GridPane gPane = new GridPane();
        gPane.setGridLinesVisible(true);
        gPane.setHgap(5);
        gPane.setVgap(5);
        HotelPo hotel = new HotelPo();
        for(int i=0; i<6; i++) {
            for(int j=0; j<8; j++) {
                gPane.add(new RoomPanePo(hotel.getLayers()[i].getRooms()[j]),j,i);
            }
        }
        Scene scene = new Scene(gPane,1000,400);
        primaryStage.setTitle("教学酒店管理系统");
        primaryStage.setScene(scene);
        primaryStage.show();
    }
}
```

图 9-30 实验步骤代码 5